2 avril 1860
Exemplaire de Beurdeley père.

CATALOGUE

DE

LA BELLE COLLECTION

TABLEAUX

ANCIENS

DES

ÉCOLES ITALIENNE, ESPAGNOLE, FLAMANDE & FRANÇAISE

APPARTENANT A M. BARROILHET

DONT LA VENTE AUX ENCHÈRES PUBLIQUES AURA LIEU

HOTEL DES VENTES MOBILIÈRES
Rue Drouot, 5, Salle n° 7

Les Lundi 2 et Mardi 3 Avril 1860

A DEUX HEURES ET DEMIE

Par le ministère de M° Eugène ESCRIBE, Commissaire-Priseur,
Successeur de M. RIDEL, 217, rue Saint-Honoré,
Assisté de M. FERDINAND LANEUVILLE, Expert,
73, rue Neuve-des-Mathurins,

CHEZ LESQUELS SE DISTRIBUE LE CATALOGUE.

EXPOSITION PARTICULIÈRE
Le Samedi 31 Mars 1860, de une heure à cinq heures.

EXPOSITION PUBLIQUE
Le Dimanche 1er Avril 1860, de midi à cinq heures.

1860

CONDITIONS DE LA VENTE

Elle sera faite au comptant.

Les Acquéreurs paieront cinq pour cent en sus des adjudications, applicables aux frais.

Le Catalogue se distribue :

A PARIS..................	Chez MM. Escribe, Commiss.-Priseur.
—	F. Laneuville, Expert.
A LILLE..................	Tencé père.
A ROUEN.................	Billard.
A BRUXELLES............	Étienne Leroy.
A ANVERS................	Tessaro.
A LONDRES..............	Colnaghi.
A AMSTERDAM...........	De Vries.
A ROTTERDAM...........	M. Lamme.

DÉSIGNATION

DES

TABLEAUX

ANCIENS

Des Écoles Italienne, Espagnole, Flamande & Française.

ECOLES D'ITALIE.

ANDREA DIT **SALERNO**, ÉLÈVE DE **RAPHAEL**.

1 — L'Adoration de la Vierge.

Bois, H. 71 c. L. 58

ANDRE DEL SARTE.

2 — Saint Jean veillant auprès de l'Enfant Jésus endormi.

H. 81 c. L. 65 c.

BASSAN.

3 — Mise au tombeau.

H. 76 c. L. 60 c.

BASSAN.

4 — La Flagellation.

Octogone, cuivre. H. 31. L. 25 c.

BECCAFUMI.

5 — La Sainte Vierge et l'Enfant Jésus.

Ovale, cuivre. H.   c. L.   c

BOTICELLI.

6 — La Vierge et l'Enfant Jésus.

H. 64 c. L. 62 c.

BRONZINO.

7 Portrait de Bianca Capello.

H. 88 c. L. 65 c.

CANALETTI.

8 — Vue de la douane à Venise, et de l'église Santa Maria.

H. 55 c. L. 79 c.

CARACHE (ANIBALE).

9 — Descente de croix.

H. 37 c. L. 27 c.

CARAVAGE.

10 — Jésus à la colonne.

H. 130 c. L. 98 c.

CORRÈGE (A.).

11 — La Vierge aux cerises.

Ovale, cuivre. H. 20 c. L. 15 c.

DE CARO (B.). Signé.

12 — Nature morte.

H. 126 c. L. 100 c.

DE CARO (B.).

13 — Même sujet. Pendant du précédent.

H. 126. L. 100.

DOMINIQUIN.

14 — Saint François enlevé par des anges.

Octogone, cuivre. H. 17 c. L. 17 c.

FALCON (Aniello).

15 — Bataille.

Rond. H. 36.

FALCON (Aniello.).

16 — Même sujet.

Rond. H. 36.

GHIRLANDAÏO.

17 — Quatre portraits dans un même tableau.

Ils ont été reproduits dans la belle fresque de ce maître qui orne le chœur de l'église Santa Maria Novella à Florence.

H. 90 c. L. 80 c.

GIORGION.

18 — Portrait de l'artiste, chantant et s'accompagnant de son luth.

H. 46 c. L. 37 c.

GIORGION.

19 — Concert des Dieux.

H. 91 c. L. 120 c.

GIOTTO.

20 — La Vierge et l'Enfant Jésus adorés par saint Antoine et saint Jean.

Cintré. H. 90 c. L. 52 c.

GUARDI.

21 — Place Saint-Marc.

GUARDI.

22 — Le grand canal.

H. 35 c. L. 47 c.

GUERCHIN.

23 — Mise au tombeau.

H. 116 c. L. 97 c.

MANTEYNA (ANDREA).

24 — La Vierge et l'Enfant Jésus entourés d'anges.

Panneau. H. 69 c. L. 50 c.

POLLAIOLO.

25 — Saint Laurent.

Cintré. H. 124. L. 59.

POLLAIOLO.

26 — Saint Etienne.

Cintré. H. 124. L. 30.

POLLAIOLO.

27 — Saint Augustin.

Cintré. H. 124. L. 30.

POLLAIOLO.

28 — Saint Antoine.

Cintré. H. 124. L. 30.

RECCO (J.-B.). Signé.

29 — Nature morte.

H. 100 c. L. 155 c.

RECCO (J.-B.).

30 — Instruments de musique.

H. 100 c. L. 155 c.

SALVATOR ROSA.

31 — Tempête.

H. 118 c. L. 105 c.

SALVATOR ROSA.

32 — La Bataille de Trasimène.

H. c. L. c.

TIEPOLO.

33 — Assomption de la Sainte Vierge.

H. 74 c. L. 45 c.

TINTORET.

34 — L'Ivresse de Noé.

H. 101 c. L. 130 c.

TINTORET.

35 — Le doge Mocenigo.

H. 110 c. L. 94 c.

TINTORET.

36 — Saint Martin.

H. 100 c. L. 87 c.

PIERIN DEL VAGA

37 — Le Sommeil de Jésus.

Cuivre. H. 21. L. 16 c.

VÉRONÈSE (Paul).

38 — Présentation au temple.

H. 51 c. L. 64 c.

VÉRONÈSE (Paul).

39 — Érigone.

H. 40 c. L. 21.

ECOLE ESPAGNOLE.

GOYA.

40 — Portrait de la Goycochéa.

H. 108 c. L. 118 c.

GOYA.

41 — Son portrait.

H. 67 c. L. 51 c.

GOYA.

42 — Charles III promulgant le décret d'abolition de l'ordre des Jésuites.

H. 46 c. L. 60 c.

GOYA.

43 — Auto-da-fé des archives de l'inquisition à Barcelone, et exécution d'un moine.

H. 46 c. L. 60 c.

MURILLO (Est.).

44 — L'Assomption de la Sainte Vierge.

H 81 c. L. 81 c.

MURILLO (Est.).

45 — Le Baptême de la Madeleine.

H. 54 c. L. 37 c.

MURILLO (Est.).

46 — L'Entrée de Noë dans l'arche.

MURILLO (Est.).

47 — La Sortie de l'arche.

RIBERA.

48 — Martyre de saint Sébastien.

H. 133 c. L. 168 c.

RIBERA.

49 — Saint Onufre.

H. 155 c. L. 110 c.

VELASQUEZ.

50 — Le Sacrifice d'Iphigénie.

H. 84 c. L. 70 c.

VELASQUEZ.

51 — Le Siége de Bréda.

H. 73 c. L. 100 c.

VELASQUEZ.

52 — Portrait de Murillo.

H. 42 c. L. 38 c.

VELASQUEZ.

53 — Portrait d'un grand amiral sous Philippe IV.

H. 70 c. L. 50 c.

VELASQUEZ.

54 — La Partie de cartes.

H. 58 c. L. 93 c.

VELASQUEZ.

55 — Le Christ en croix.

VELASQUEZ.

56 — Philippe IV.

Inspiré de Rubens.

H. 58 c. L. 44 c.

VELASQUEZ.

57 — Infante d'Espagne.

H. 87 c. L. 69 c.

ÉCOLES

Flamande et Hollandaise.

BERGHEM (N.).

58 — L'Abreuvoir.

H. 31 c. L. 39 c.

CUYP (A.).

59 — Poissons et gibiers posés à terre.

H. 70 c. L. 94 c.

DEHEEM (D.) (Signé).

60 — Nature morte.

H. 93 c. L. 116 c.

DIEPEMBECK.

61 — Le Jardin d'amour, d'après Rubens.

H. 72 c. L. 103 c.

DYCK (Ant. Van).

62 — Portrait d'une dame en riche costume de cour.

H. 116 c. L. 85 c.

DYCK (Ant. Van).

63 — Plusieurs personnages dans la campagne.

H. 102 c. L. 58 c.

DYCK (Ant. Van).

64 — Jeune garçon.

H. 40 c. L. 29 c.

EVERDINGEN.

65 — Vue prise aux environs de Rotterdam.

H. 66 c. L. 84 c.

GOYEN (Van).

66 — Vue prise à Anvers.

H. 45 c. L. 58 .

HEMLING.

67 — Les Noces de Cana.

H. 116 c. L. 94 c.

HOLBEIN.

68 — Portrait d'un seigneur de la cour de Henry VIII.
Sur l'agrafe de la ceinture : *Honny soit qui mal y pense.*

H. 81 c. L. 58 c.

HONDEKOETER.

69 — Coqs, poules et pigeons dans une basse-cour.

H. 93 c. L. 75 c.

HOOGH (Peter De). (Signé.)

70 — Intérieur d'une cour.

H. 69 c. L. 50 c.

HUYSMANS DE MALINES.

71 — Environ de Malines.

H. 58 c. L. 74 c.

HUYSMANS DE MALINES.

72 — Paysage.

H. 57 c. L. 70 c.

HUYSMANS DE MALINES.

73 — Paysage.

H. 54 c. L. 71 c.

LEYDEN (Luc De).

74 — La Vierge et l'Enfant Jésus.

H. 12 c. L. 1 c.

MAES.

75 — Portrait d'une dame de qualité.

H. 59 c. L. 49 c.

NEER (Art. Van Der).

76 — Canal de Hollande, effet de lune.

H. 18 c. L. 25 c.

REMBRANDT.

77 — Jésus-Christ apparaissant à Marie.
Noli me tangere.

H. 19 c. L. 27 c.

REMBRANDT.

78 — Les Joueurs.

H. 90 c. L. 154 c.

RUBENS (P.-P.).

79 — Le Temps enlevant la Vérité de la terre. Allégorie.

Sur marbre.

RUBENS (P.-P.).

80 — David défendant son troupeau.

Panneau. H. 35 c. L. 46 c.

RUBENS (P.-P.).

81 — Tête de Christ.

H. 60 c. L. 48 c.

RUBENS (P.-P.).

82 — La Sainte Vierge et l'Enfant Jésus.

H. 64 c. L. 47 c.

RUBENS (P.-P.).

83 — Un Massacre.

Esquisse. H. 33 c. L. 45 c.

STABEN (H.).

84 — Tableau de ce maître connu sous le nom de : *La Galerie d'un Amateur.*

H. 50 c. L. 63 c.

TENIERS (D.).

85 — Le Marchand ambulant.

H. 35 c. L. 25 c.

TERBURG (G.) Signé.

86 — Un Cavalier.

Bois. H. c. L. c.

TERBURG (G.).

87 — Portrait du bourguemestre Schlick.

H. 62 c. L. 50 c.

WALSCAPPEL (J.).

88 — Fruits posés sur une table de marbre.

H. 40 c. L. 34 c.

ÉCOLE ALLEMANDE.

WOLGEMUT.

89 — Déposition de croix.

H. 45 c. L. 32 c.

ÉCOLE FRANÇAISE.

BOUCHER (Signé, daté 1755).

90 — La Musique.

H. 75 c. L. 91

BOUCHER (F.).

91 — La jolie Dormeuse.

Ovale. H. 45 c. L. 40 c.

BOURGUIGNON.

92 — Attaque d'un pont.

BOURGUIGNON.

93 — Bataille.

H. 27 c. L. 40 c.

CALLOT.

94 — Les Saltimbanques.

H. 55 c. L. 90 c.

CALLOT.

95 — Même sujet.

H. 55 c. L. 90 c.

CHARDIN.

96 — Portrait de Lépicié.

H. 55 c. L. 45 c.

CHARDIN.

97 — Portrait de la nourrice de l'artiste.

H. 70 c. L. 64 c.

CHARDIN.

98 — Ustensiles de cuisine.

H. 39 c. L. 31 c.

CHARDIN.

99 — Verres et brioches.

H. 79 c. L. 62

CHARDIN.

100 — Le petit Chaudron de cuivre rouge.

H. 16 c. L. 26 c.

CHARDIN.

101 — Intérieur de cuisine.

H. 30 c. L. 31

CHARDIN.

102 — Le Gobelet d'argent.

H. 76 c. L. 61 c.

CHARDIN.

103 — Instruments de musique.

Cintré. H. 49. L. 79 c.

FRAGONARD (H.).

104 — La Cruche renversée.

H. 100 c. L. 80 c.

FRAGONARD (H.).

105 — Les Soins maternels.

H. 44 c. L. 53 c.

FRAGONARD (H.).

106 — Le Verre d'eau.

H. 37 c. L. 48 c.

FRAGONARD (H.).

107 — La chaste Suzanne.

H. 31 c. L. 16 c.

FRAGONARD (H.).

108 — La Jeune Mère.

H. 28 c. L. 21 c.

FRAGONARD (H.).

109 — Cache-Cache

H. 48 c. L. 52 c.

FRAGONARD (H.).

110 — Marguerite d'Écosse et Alain Chartier.

H. 62 c. L. 52 c.

FRAGONARD (H.).

111 — La Toilette de Vénus.

H. 71 c. L. 50 c.

GREUZE (J.-B.).

112 — Supplice d'une vestale.

H. 31 c. L. 35 c.

GREUZE (J.-B.).

113 — Jeune fille.

H. 55 c. L. 37 c.

GREUZE (J.-B.).

114 — Portrait en pied de Louis XVI en grand costume royal.

H. 68 c. L. 49 c.

JANET DIT CLOUET.

115 — Portrait de Pibrac.

JANET dit CLOUET.

116 — Le duc de Joyeuse.

Derrière chacun de ces portraits se trouve un quatrain autographe de Laplace.

LANCRET.

117 — Le Jugement de Pâris.

H. 43 c. L. 33 c.

LANCRET.

118 — Le Nid d'Oiseaux.

H. 64 c. L. 80 c.

LANCRET.

119 — Plaisirs d'Automne.

H. 50 c. L. 69

LANCRET.

120 — Le Pied de Bœuf.

H. 79 c. L. 66 c.

LEMOYNE.

121 — L'Amour désarmé.

H. 116 c. L. 100 c.

NATTIER.

122 — La duchesse de la Vallière renonçant au monde.

H. 107 c. L. 87 c.

OUDRY.

123 — Oiseaux dans un Paysage.

H. 116 c. L. 88 c.

POUSSIN (N.).

124 — Érigone.

H. 54 c. L. 75 c.

ROBERT (H.).

125 — Galerie du Louvre en 1770.

H. 47 c. L. 57 c.

ROBERT (H.).

126 — Les Baigneuses.

H. c. L. c.

WATTEAU (Antoine).

127 — Des Seigneurs chez un Perruquier.

H. 103 c. L. 225 c.

WATTEAU (Antoine).

128 — Portrait allégorique de Mme de Julienne

H. 72 c. L. 76 c.

WATTEAU (Antoine).

129 — Clytie adorant le Soleil.

H. 61 c. L. 79 c.

WATTEAU (Antoine).

130 — L'Alliance de la Comédie et de la Musique.

H. 65 c. L. 54 c.

WATTEAU (Antoine).

131 — Promenade champêtre.

H. 31 c. L. 21 c.

WATTEAU (Antoine).

132 — Concert champêtre.

H. 74 c. L. 90 c.

WATTEAU (Antoine).

133 — La Déclaration imprudente.

H. 53 c. L. 44 c.

WATTEAU (Antoine).

134 — Tête de Satyre.

H. 16 c. L. 14 c.

WATTEAU (Antoine).

135 — Le Singe chasseur.

Camaïeux, ovale. H. 36 c. L. 60 c.

WATTEAU (Antoine).

136 — L'Heureuse chute.

H. 36 c. L. 27.

DESSINS

CORRÉGE (Antoine).

137 — Le Pied blessé.

Dessin à la sanguine. H. 33 c. L. 24 c.

GREUZE (J.-B.).

138 — La Dame de charité.

Sépia. H. 23 c. L. 30 c.

GREUZE (J.-B.).

139 — Les deux Sœurs.

Sanguine. H. 50 c. L. 32 c

GREUZE (J. B.).

140 — Amours luttant avec de jeunes Filles.

Sépia. H. 22 c. L. 35 c.

LATOUR.

141 — Portrait de M. de La Popelinière.

Pastel. H. 64 c. L. 13 c.

LANCRET.

142 — Le Repos.

Dessin à la sanguine. H. 13 c. L. 17 c.

VELDE (G. Van Den).

143 — Marine.

Dessin à la plume. H. 25 c. L. 20 c.

Vente du roi de Hollande.

WATTEAU (Antoine).

144 — Jeune Femme assise.

Dessin aux deux crayons. H. 22 c. L. 21 c.

WATTEAU (Antoine).

145 — La Jeune Veuve.

Dessin aux deux crayons. H. 20 c. L. 18 c.

WATTEAU (Antoine).

146 — Le Guitariste.

Dessin à la sanguine. H. 24 c. L. 16 c.

WATTEAU (Antoine).

147 — Tête de jeune femme.

Dessin aux deux crayons. H. 11 c. L. 9 c.

CANOVA.

148 — **Buste de la Madeleine.**

Modèle en terre cuite de la main de ce grand maître, qui lui a servi pour l'exécution en marbre de la célèbre figure de ce nom ; acheté à la vente Aguado, par M. le duc de Galliera.

118